CUSS &
SWEAR

Dumb Shit

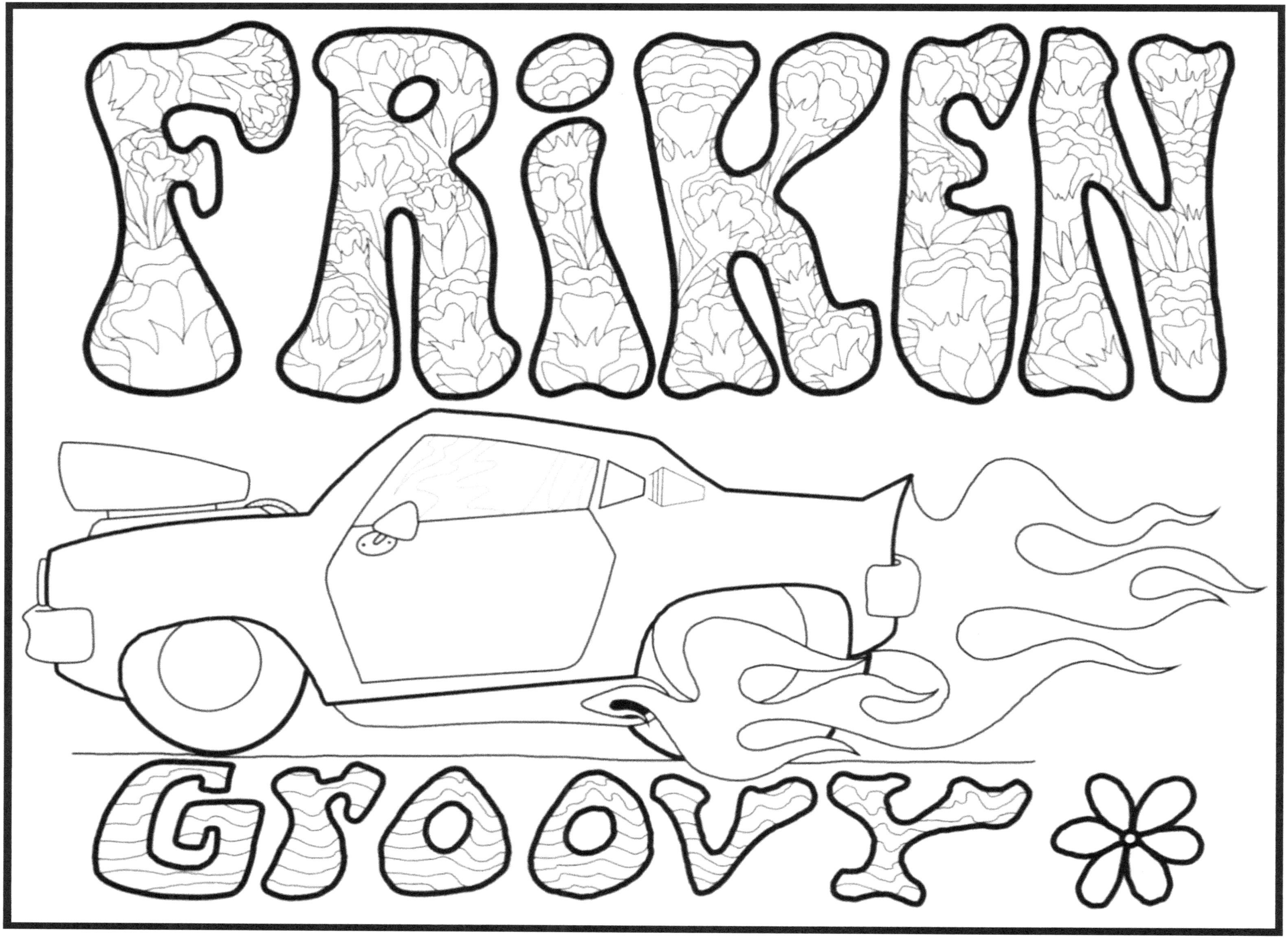
FRIKEN
GROOVY

FUCKIN
IDIOT

BAD
WORD

Matha
Fucka

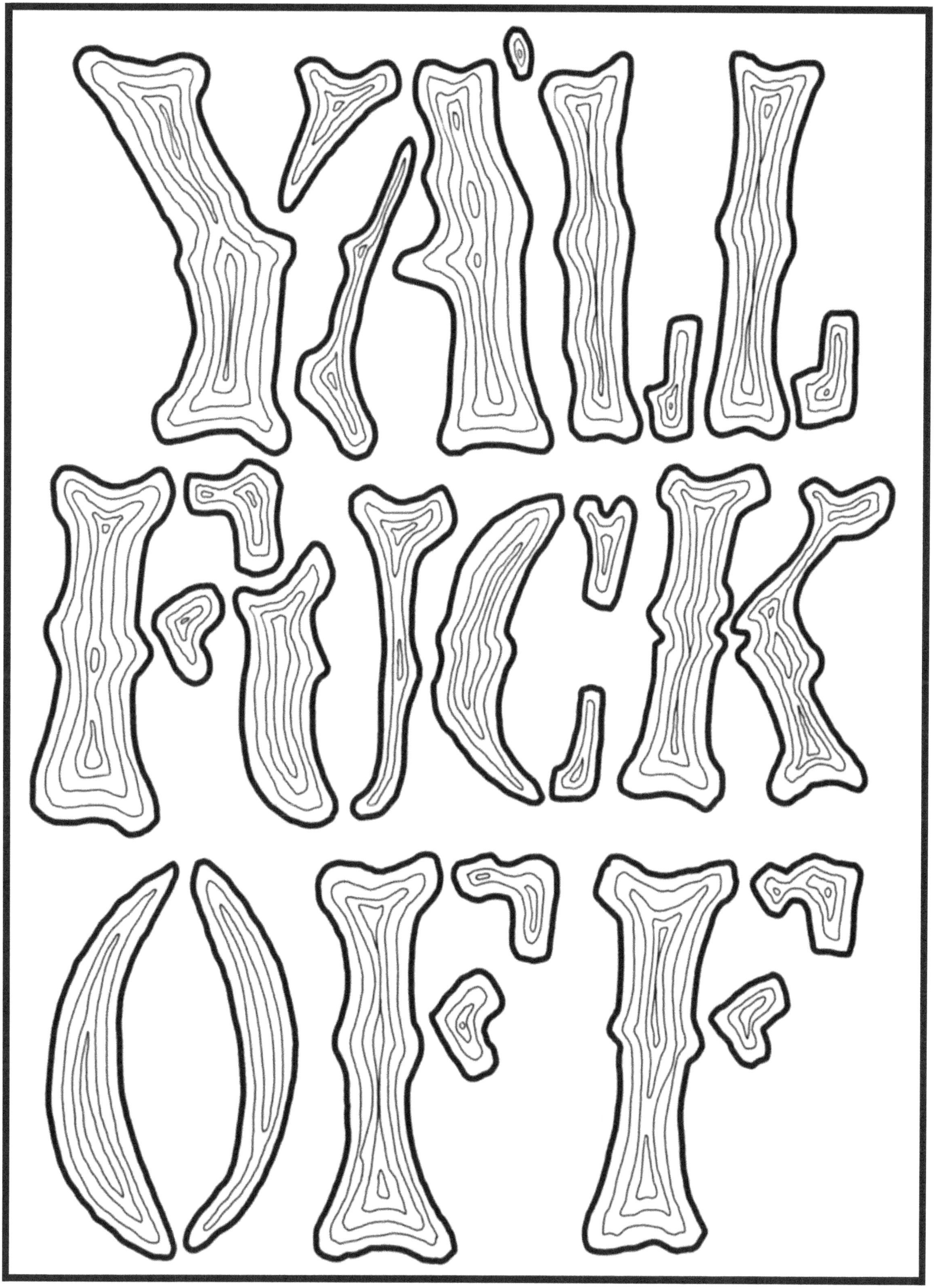
Y'ALL
FUCK
OFF

SHIT
KICKER

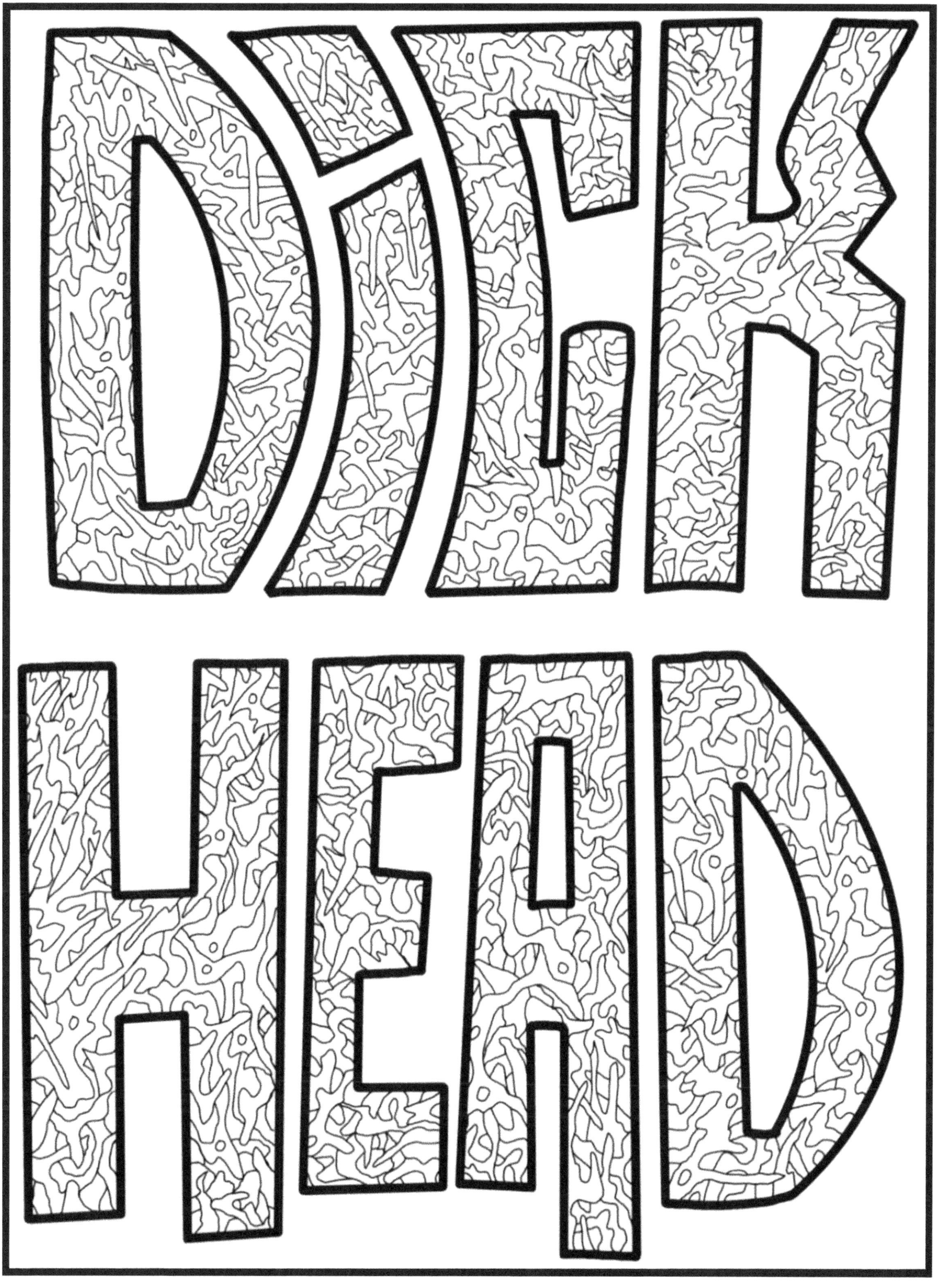
DICK
HEAD

Jack
Ass

WANKER
WANKER
WANKER

DAGNABIT

Боже Мой
Bozhe Moi

Whore

FUCK FACE

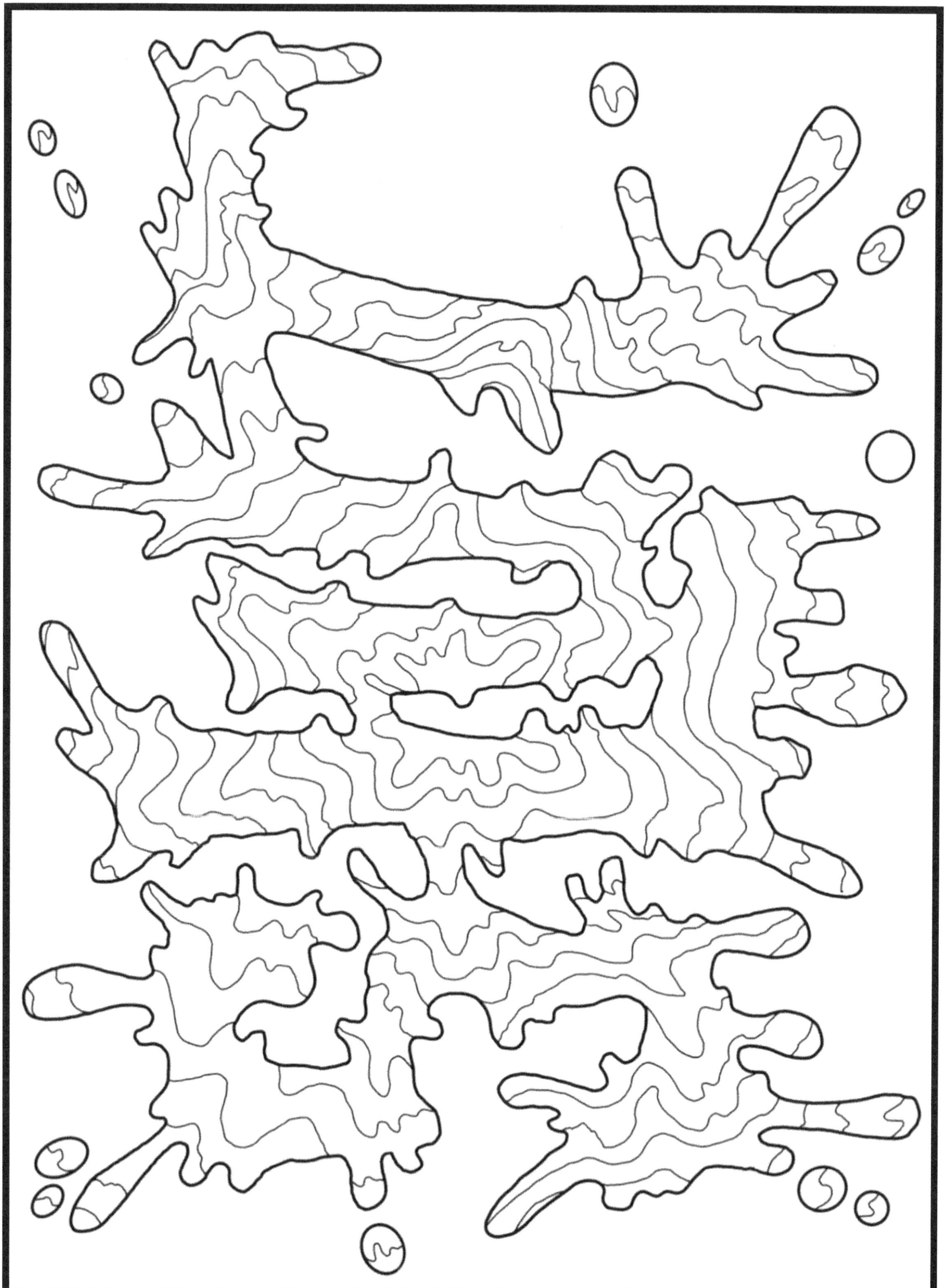

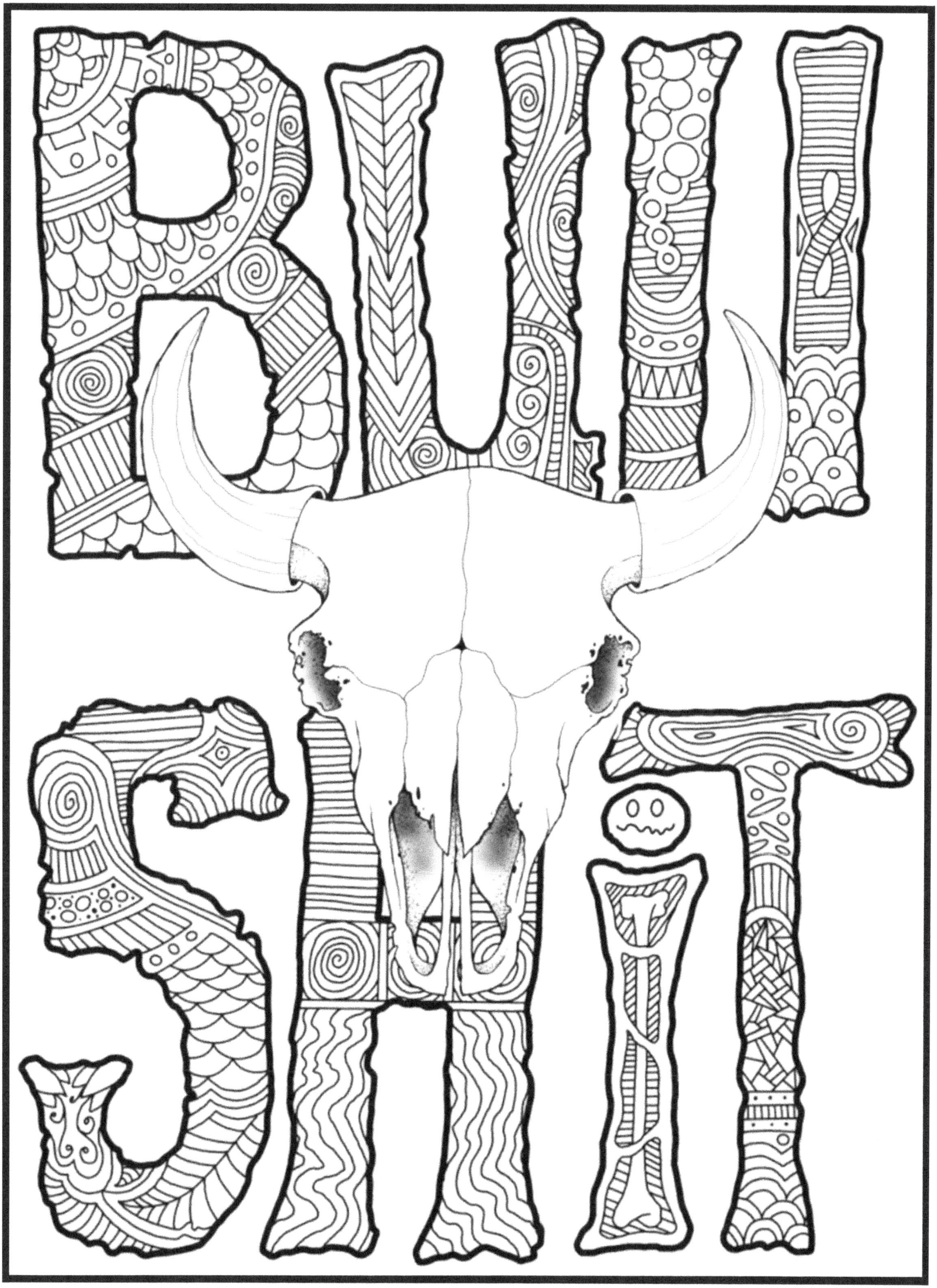
BULL
SHiT

Slay

PISS OFF!

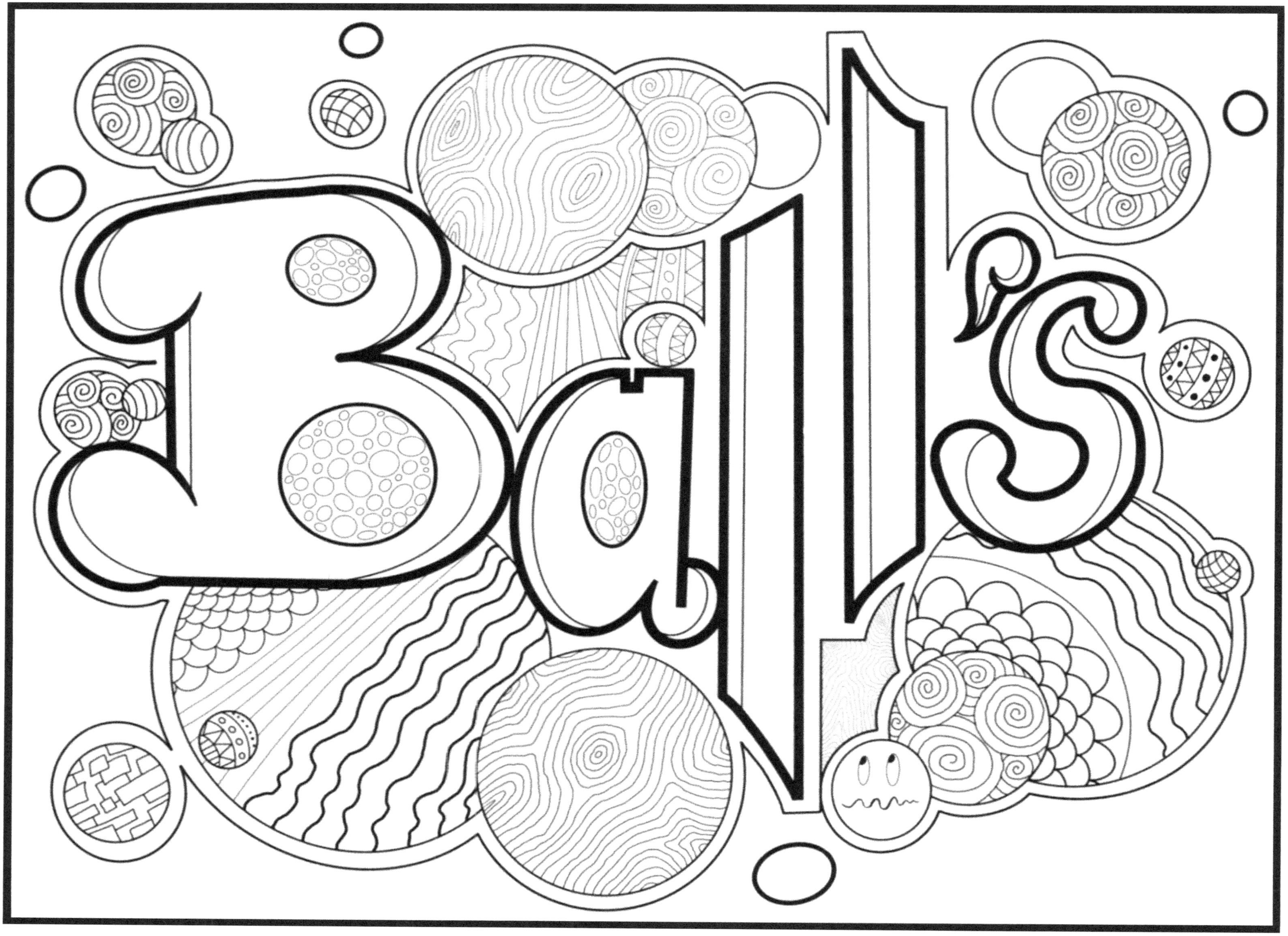
Balls

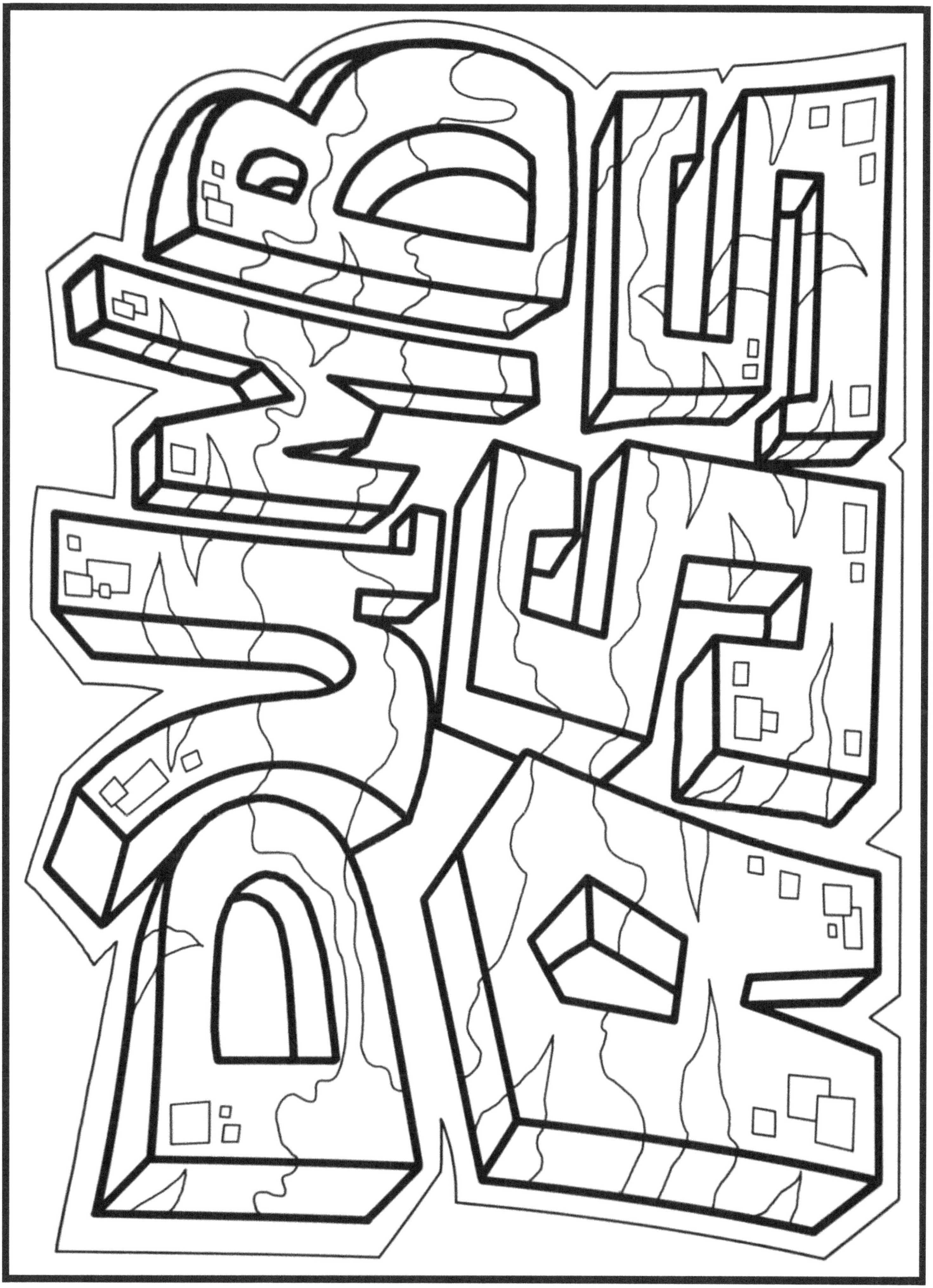

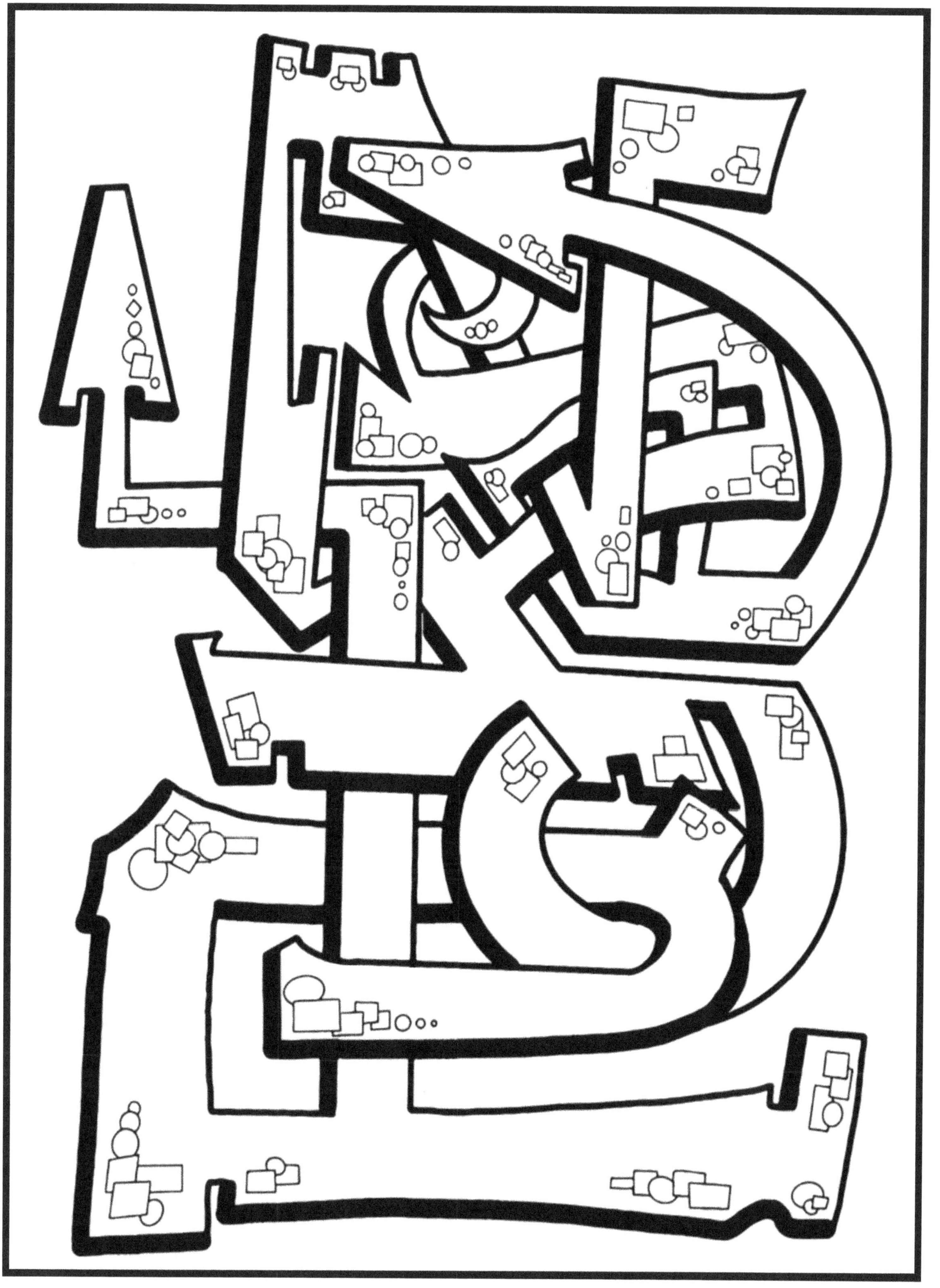

PUSSY

ASS

JESUS

FUCK
DAMN
HELL
SHit

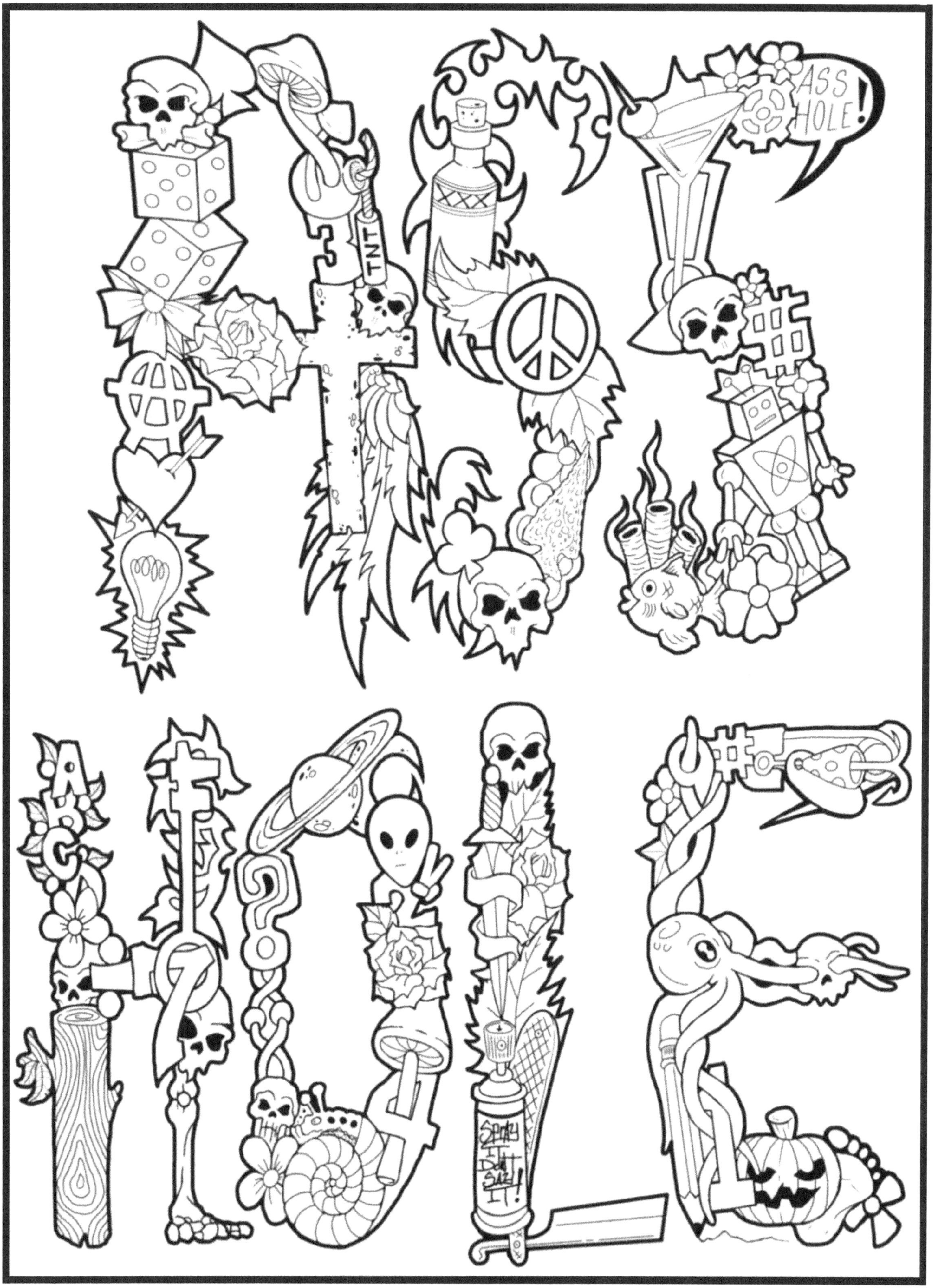
ASS HOLE!
TNT

Fuck Off

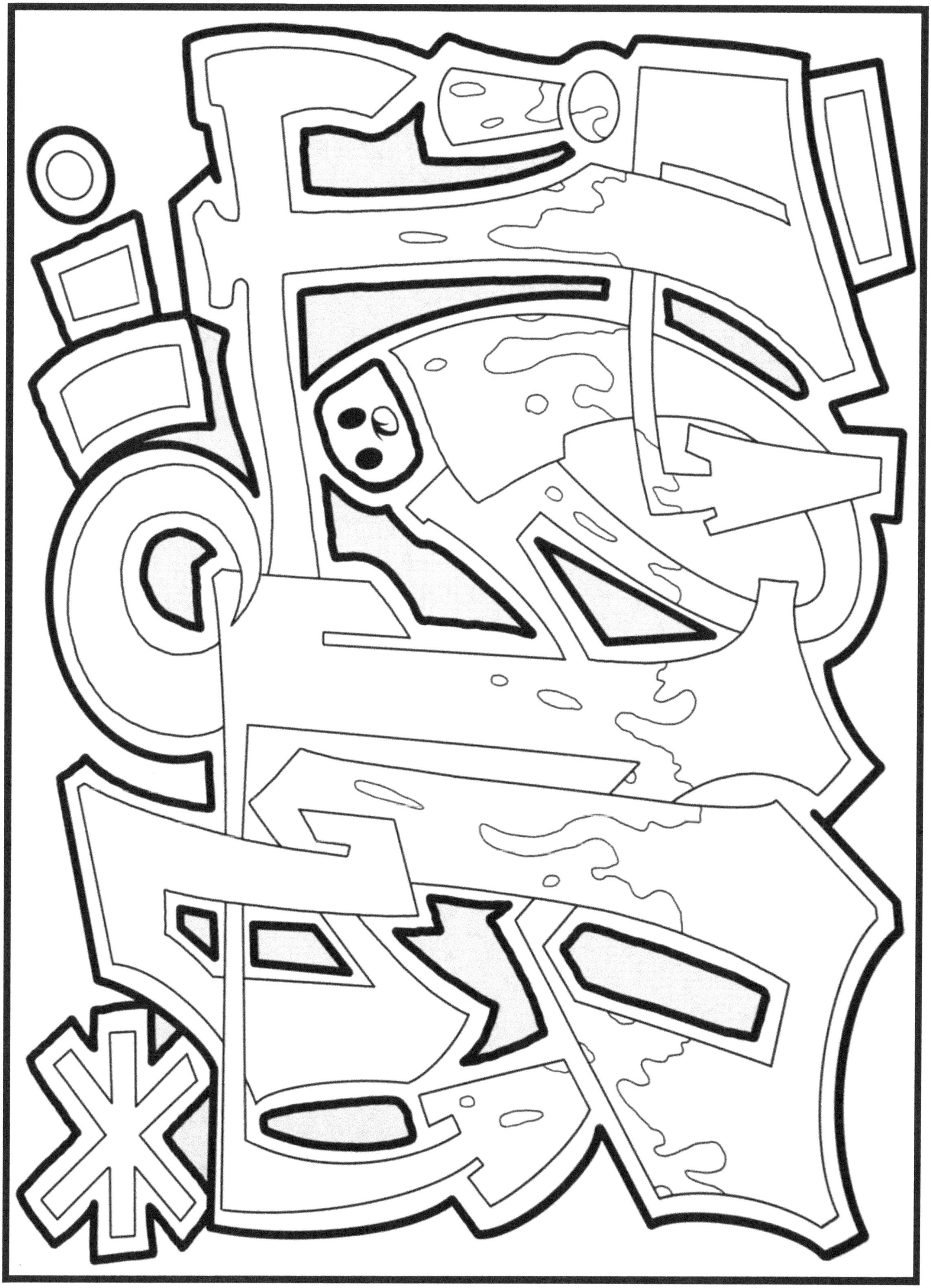

Bastard

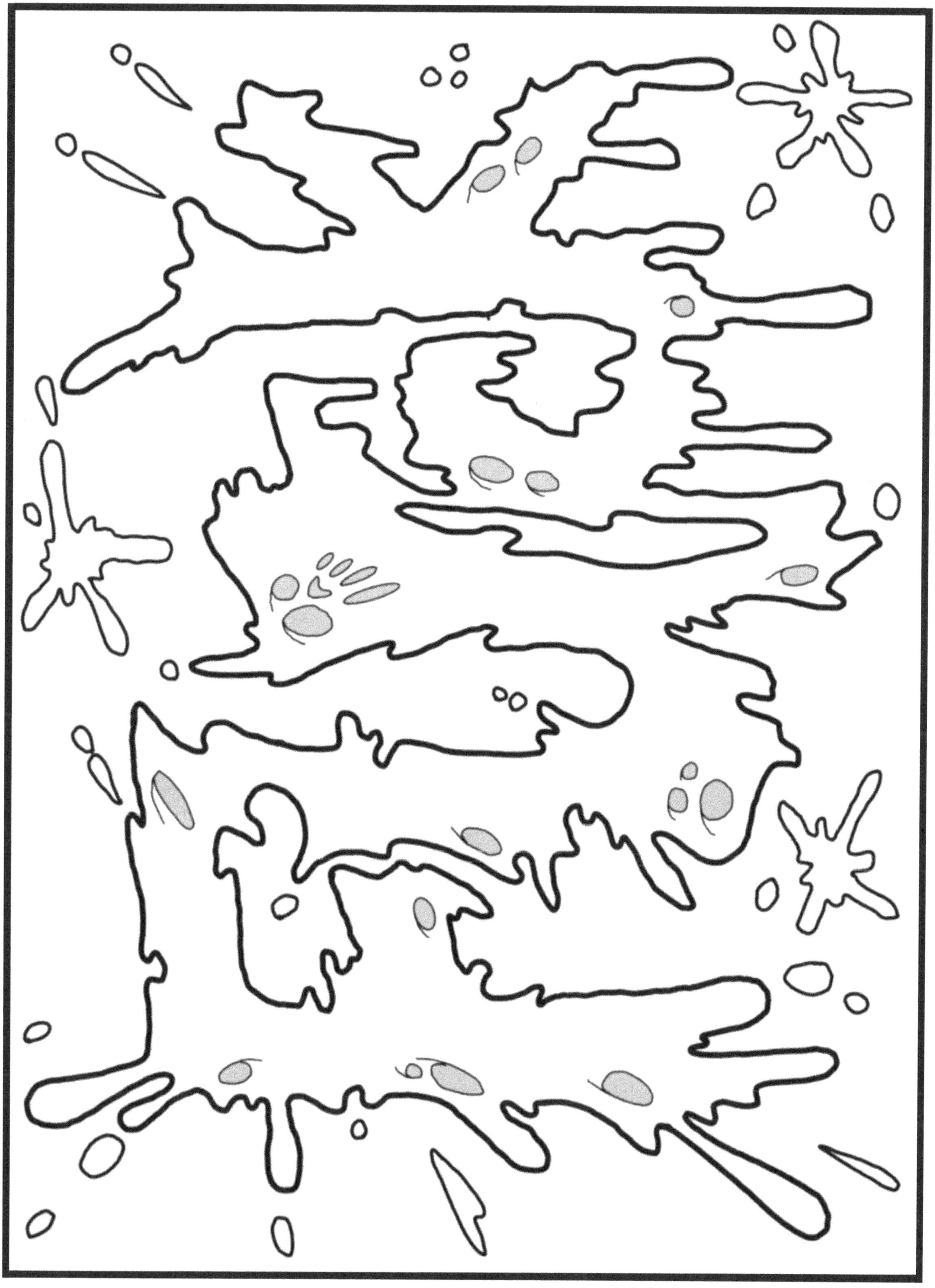

Son of a Bitch

CUSS★WORD

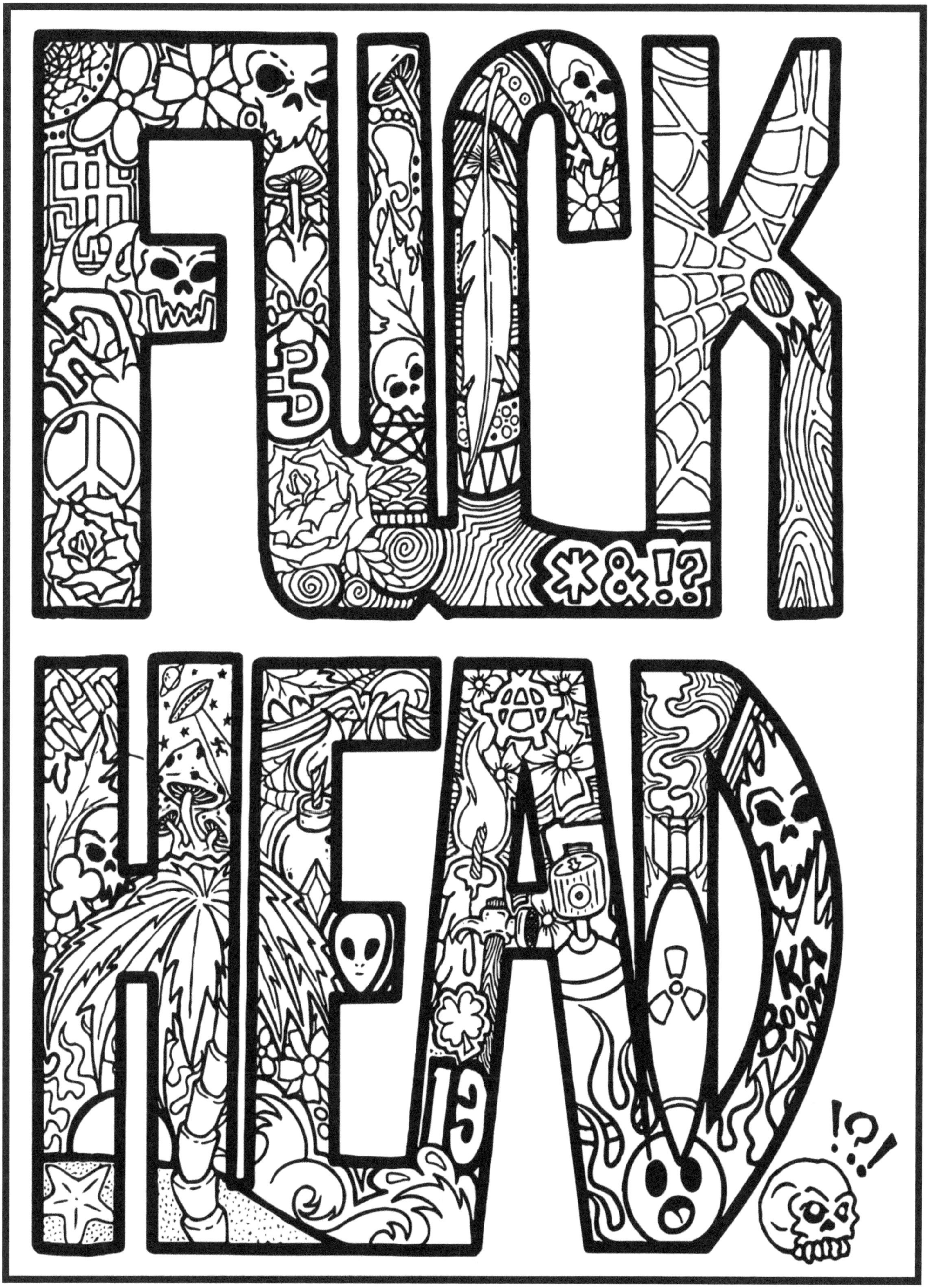
FUCK
HEAD
*&!?
13
KA
BOOM
!?!

Hor$e
Shit

FUCK
IT!

BLOODY
Hell

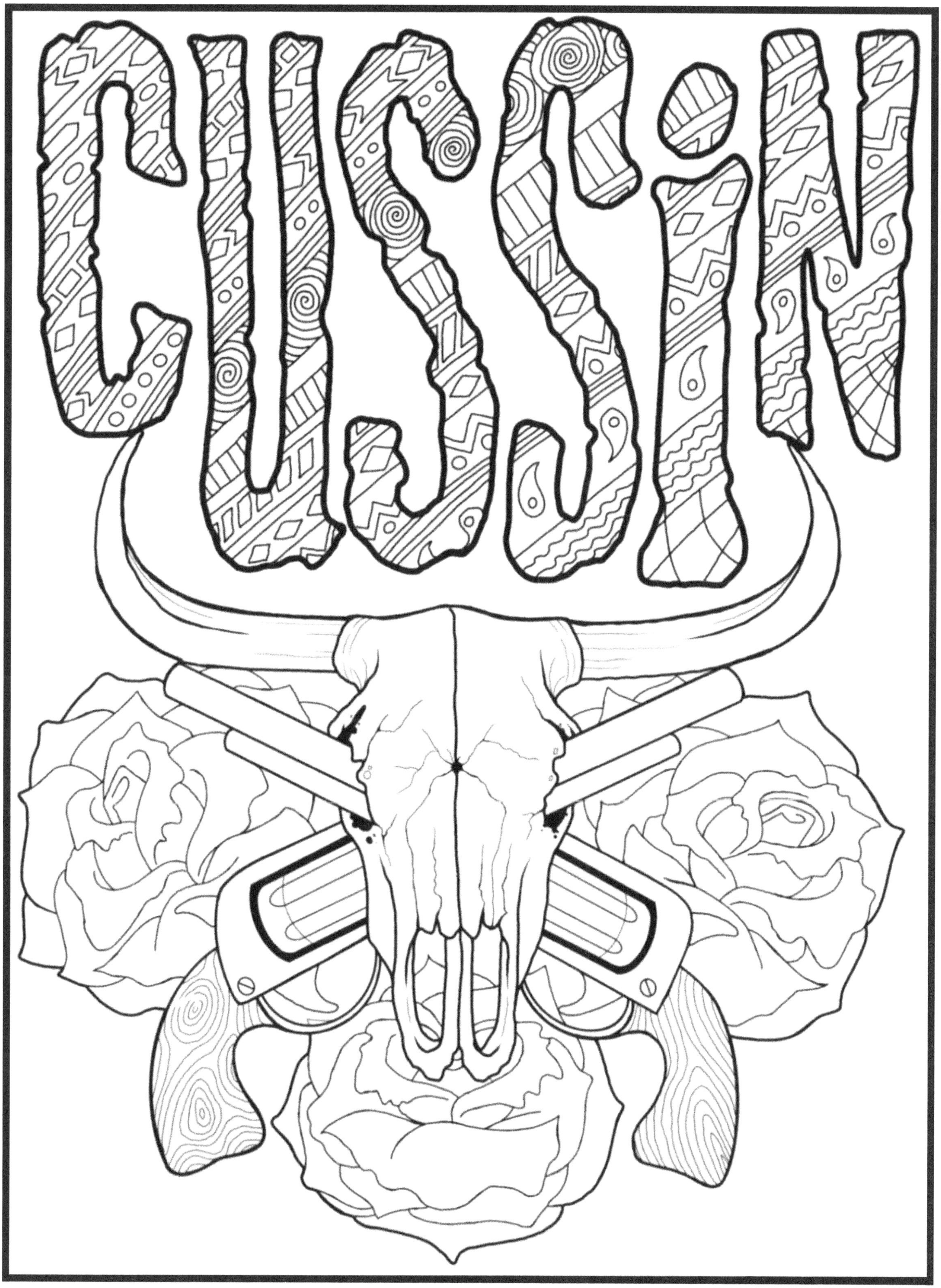
CUSSiN

www.ingramcontent.com/pod-product-compliance
Lightning Source LLC
Chambersburg PA
CBHW081838280526
45789CB00007B/2491
* 9 7 8 1 5 4 1 3 6 2 7 3 4 *